KB190137

아름다운 우리말 경전 ②

부모은중경

김 현 준 옮김
불교신행연구원 엮음

✿ 효림

차 례

대보부모은중경
· 9

🧘 🧘 🧘 🧘 부모은중경 독송 발원문 🧘 🧘 🧘 🧘

개경게 開經偈

가장높고 심히깊은 부처님법문
백천만겁 지나간들 어찌만나리
저희이제 보고듣고 받아지녀서
부처님의 진실한뜻 깨치오리다

無上甚深微妙法　무상심심미묘법
百千萬劫難遭遇　백천만겁난조우
我今聞見得受持　아금문견득수지
願解如來眞實意　원해여래진실의

개법장진언 開法藏眞言
옴 아라남 아라다 (3번)

나무대보부모은중경 (3번)

대보부모은중경
大報父母恩重經

서분序分

이와 같이 나는 들었다.

어느 때 부처님께서는 사위국 왕
사성의 기수급고독원에서 대비구 3
만8천 인과 수많은 보살마하살과
함께 계시었다.

정종분正宗分

그때 세존께서는 대중들과 함께 남방으로 가시다가, 한 무더기의 뼈를 보시고는 오체투지五體投地의 예배를 올리셨다. 이에 아난과 대중이 부처님께 여쭈었다.

"세존이시여, 여래는 삼계三界의 큰 스승이요 사생四生의 자비로운 어버이인지라 수많은 이들이 공경하고 귀의하옵니다. 그런데 어찌하여 마른 뼈에다 절을 하시옵니까?"

부처님께서 아난에게 이르셨다.

"네가 비록 나의 으뜸가는 제자 중 한 사람이요 출가한 지가 오래 되었지만 아직 아는 것이 넓지 못하는구나. 이 한 무더기의 마른 뼈가 어쩌면 내 전생의 조상이거나 여러 대에 걸친 부모의 뼈일 수 있기 때문에 내가 지금 예배를 하였느니라."

부처님께서 아난에게 이르셨다.

"너는 이 한 무더기 마른 뼈를 둘

로 나누어 보아라. 만약 남자의 뼈라면 희고 무거울 것이요, 여인의 뼈라면 검고 가벼우리라."

아난이 부처님께 여쭈었다.

"세존이시여, 남자는 이 세상에 살아 있을 때 큰 옷을 입고 띠를 두르고 신을 신고 모자를 쓰고 다니기에 남자임을 알 수 있고, 여인은 붉은 주사와 연지를 곱게 바르고 좋은 향으로 치장하고 다니므로 여인임을 알 수 있습니다.

그러나 죽은 다음의 백골은 남녀가 다를 바 없는데, 어찌 제자로 하여금 그것을 알아보라 하시나이까?"

부처님께서 아난에게 이르셨다.

"만약 남자라면 세상에 있을 때 절에 가서 법문도 듣고 경도 외우고 삼보께 예배하고 염불도 하였을 것이므로, 백골이 희고 무거우니라.

그러나 여인은 세상에 있을 때 정과 본능을 좇아 자녀를 낳고 기르나니, 아기를 낳을 때마다 서 말 서 되나 되는 엉긴 피를 흘리고, 여덟 섬 너 말이나 되는 모유를 먹이기 때문에 뼈가 검고 가볍게 되느니라."

이 말씀을 듣고 가슴을 도려내는 듯한 아픔을 느낀 아난은 슬피 울면서 부처님께 아뢰었다.

"세존이시여, 어떻게 하여야 어머니의 큰 은덕을 보답할 수 있나이까?"

부처님께서 아난에게 이르셨다.

"잘 듣고 잘 들을지니라. 내 이제 너를 위해 분별하여 해설하리라. 어머니는 아기를 잉태하여 열 달 동안 지극히 힘든 고통을 받으며 지내느니라.

잉태한 첫 달의 태아는 풀잎 위의 이슬이 아침에 잠시 있을 뿐 저녁까지 보존되지 못하는 것과 같이, 이른 새벽에 피가 모여들었다가 낮이 되면 흩어지느니라.

잉태한 지 두 달째 태아는 끓였을 때 엉긴 우유와 같이 되고

잉태한 지 세 달째 태아는 엉긴 핏

덩이와 같고

잉태한 지 네 달째 태아는 차츰 사람의 모양을 이루느니라.

잉태한 지 다섯 달이 되면 어머니 뱃속에서 아기의 오포(五胞)가 생기나니, 오포는 머리와 두 팔꿈치와 두 무릎을 합친 다섯 부분이니라.

잉태한 지 여섯 달이 되면 어머니 뱃속에서 아기의 여섯 가지 정기〔六精〕가 열리나니, 여섯 가지 정기란 눈·귀·코·입·혀·뜻의 육근(六根)이니라.

잉태한 지 일곱 달이 되면 태아는 어머니 뱃속에서 3백6십 뼈마디와 8

만4천 모공(毛孔)이 생기느니라.

잉태한 지 여덟 달이 되면 뜻과 지혜가 생기고 구규(九竅)(두 눈·두 귀·두 콧구멍·입·항문·요도)가 커지느니라.

잉태한 지 아홉 달이면 아기가 어머니 뱃속에서 무엇인가를 먹기 시작하되 복숭아·배·마늘·오곡(五穀) 등을 직접 먹지 않느니라. 어머니의 심장 등 오장(五藏)은 아래로 향하고 대장 등의 육부(六腑)는 위로 향하는데, 그사이에 한 산이 있느니라. 이 산은 세 가지 이름으로 불리나니, 첫째는 수미산(須彌山)이요, 둘째는 업산(業山)이며, 셋째는 혈산(血山)이니라. 이 산이 한 번씩 무너져 내리면 한 줄기의 엉긴 피가 태아의 입속으로 흘러 들어가게 되느니라.

잉태한 지 열 달이 되면 비로소 태어나니, 효순한 자식이면 주먹을 모아 합장하고 나와서 어머니 몸을 상하지 않게 하느니라. 그러나 오역죄(五逆罪)를 지은 자식이면 어머니의 포태(胞胎)를 쥐어뜯거나 가슴과 배를 움켜잡거나 발로 골반뼈를 밟아, 어머니로 하여금 천 개의 칼로 배를 휘젓고 만 개의 창으로 가슴을 쑤시는 듯한 고통을 느끼게 하느니라.

이와 같이 고통을 겪으며 아기를 해산하는데, 이 위에 다시 열 가지의 큰 은혜가 있느니라."

첫째, 잉태하여 지켜주신 은혜[懷耽_{회 탐} 守護恩_{수 호 은}]이니 찬탄하노라.

여러 겁을 맺어 왔던 아주 중한 인연으로
어머니의 태를 빌어 이 세상에 태어날새
날이 가고 달이 차서 오장들이 생겨났고
일곱 달에 접어들어 육정 또한 열렸도다
어머니 몸 산과같이 둔하고도 무거워서
센 바람을 만난 듯이 몸 가누기 어려우니

아름다움 비단옷은 걸칠 생각 조차 없고

매일 보던 경대에도 먼지만이 쌓였노라

* 육정 : 눈·귀·코·혀·몸·뜻의 육근六根

둘째, 해산할 때 수고하신 은혜[臨

産受苦恩]이니 찬탄하노라.

귀한 아기 몸에 품고 십 개월이 다 차가면

참기 힘든 해산날이 하루하루 다가올새

아침마다 일어나면 중병 걸린 몸과 같고

하루하루 지날수록 정신마저 아득하네

두렵고도 떨리는 맘 무엇으로 형용할까

근심걱정 눈물 되어 옷깃 가득 적시누나

슬픈 생각 가이없어   친족에게   이르기를
이러다가   죽지 않나 두렵다고   하는도다

　　셋째,   낳은   다음   근심을   잊으신
은혜(生子忘憂恩)이니 찬탄하노라.

자비하신   어머니가   아들딸을   낳는 그때
오장육부 갈기갈기   찢어지고   헤어져서
몸과 마음 모두 함께 끊어질 듯   힘이 들고
양을 잡는 자리처럼   피가 흘러   넘치지만
갓난아기 건강하다   그 한마디   듣는 순간
환희롭고 기쁜 마음 끝도 없이   커진다네
기쁜 마음 안정되면   고통들이   되살아나

해산 후의 아픔들이 심장까지 사무치네

　넷째, 쓰면 삼키고 달면 뱉어서 먹인 은혜〔咽苦吐甘恩〕이니 찬탄하노라.

부모님의　크신 은혜 깊고 또한　무겁나니
사랑으로 보살피심　한순간도　쉼 없도다
단 음식을 다 주시어 드실 것이　없어져서
쓴 음식만 삼키어도　밝은 얼굴　늘 지니고
지중하신　사랑 따라 쏟는 정이　끝없으니
깊고 깊은 은혜 따라 애절함이　더하누나
어느 때나 우리 아기 잘 먹일 것　생각할 뿐
자비하신 어머니는　굶주림도　마다 않네

다섯째, 아기는 마른자리에 뉘고 자신은 진 자리에 눕는 은혜〔廻乾就濕恩〕이니 찬탄하노라.

어머니는   진자리에   당신 몸을   누이시고

어린 아기   고이고이   마른자리   눕히시네

두 젖으로   배고픔과   목마름을   채워주고

옷소매를   드리워서   찬바람을   가려주며

잠조차도   잊으시고   한결같이   사랑하니

예쁜 아기   재롱만을   기쁨으로   삼는구나

오직 하나   어린 아기   편한 것만   생각할 뿐

자비로운   어머니는   당신 불편   마다 않네

여섯째, 젖을 먹여 길러주신 은혜 〔乳哺養育恩〕이니 찬탄하노라.

어머니의　중한 은덕 견주자면　땅과 같고
아버님의　높은 은덕 비유하면　하늘이라
덮어주고　살려주는　하늘땅의　은혜보다
부모님의　크신 은혜 결코 적지　않으시니
아기 비록 눈 없어도 미워할 줄　모르시고
손과 발이 불구라도　싫어하지　않으시네
배 속에서 피 나누며 친히 낳은　자식이라
종일토록　아끼시며　사랑으로　베푸누나

일곱째, 더러운 것을 깨끗이 씻어주

24

신 은혜〔洗濯不淨恩〕이니 찬탄하노라.

생각하면 옛날에는 아름다운 얼굴에다
몸매 또한 날씬하고 부드러움 가득했네
버들 같은 두 눈썹은 비췻빛을 띠었으며
두 뺨 위의 붉은빛은 연꽃보다 더했도다
자식 사랑 깊을수록 고운 모습 사라지고
더러운 것 씻어줄 때 주름들이 늘어나네
그렇지만 한결같이 사랑으로 거두시니
어머니의 얼굴 모양 어찌 아니 변할쏜가

여덟째, 떨어져 있는 자식을 걱정하
신 은혜〔遠行憶念恩〕이니 찬탄하노라.

목숨 마쳐 헤어져도 잊지 못할 인연인데
살아생전 헤어지면 그 마음이 어떠할까
아들딸이 집을 떠나 먼 곳으로 가게 되면
어머니의 마음 또한 타향으로 떠나가네
그 마음은 어느 때나 자식 곁에 가 있나니
하염없는 눈물 줄기 천 줄긴가 만 줄긴가
새끼 생각 원숭이가 달을 보고 울부짖듯
자식 생각 끊임없어 애간장이 끊어지네

　　아홉째, 자식을 위해 몹쓸 짓도
감히 하신 은혜[爲造惡業恩]이니 찬탄
하노라.

26

부모님의 은혜로움 강산보다 중하오니
깊고 깊은 그 은덕을 언제 모두 갚으리까
아들딸의 괴로움을 대신 받기 원하시고
잘못 하는 자식 보면 불안하기 한없으며
아들딸이 머나먼 길 떠나가는 그날부터
잘 있을까 춥잖을까 밤낮으로 걱정이요
아들딸이 잠시라도 괴로운 일 겪게 되면
어머니는 오랫동안 마음 아파 하신다네

   열째, 끝까지 자식을 사랑하는 은
혜[究竟憐愍恩]이니 찬탄하노라.

부모님의 은혜와 덕 깊고 크고 중하여라

사랑으로 베푸심이   끊일 사이 없으시니
앉고 서는 어느 때나 그 마음이 따라가고
멀리 있든 옆에 있든 크신 사랑 함께 있네
어머니의   연세 높아 일백 살이 될지라도
팔십살 된 늙은 아들 어느 때나 걱정하니
이와 같은 크신 사랑 끝날 때가 언제인가
두눈 감는 그때라야   그 사랑이 다하려나

　　부처님께서 아난에게 이르셨다.

　　"내가 중생들을 관찰하여 보니,
비록 사람의 모습은 갖추었으나 마
음씨가 어리석고 어두워서, 부모의

은덕이 이토록 크다는 것을 생각하지 아니하고 공경하는 마음을 내지 않으며, 은혜를 저버리고 배반을 하거나, 인자한 마음을 잃고 불효와 불의를 범하는 이가 많으니라.

어머니가 아기를 잉태한 열 달 동안은 일어서고 앉는 것이 편안하지 아니함이 마치 무거운 짐을 진 것과 같고, 음식을 잘 소화시키지 못함이 마치 큰 병자와 같으니라.

달이 차서 아기를 낳을 때 또한 온갖 고통을 받나니, 잠깐의 잘못으로 죽게 되지나 않을까 두려워하고,

돼지나 양을 잡을 때처럼 많은 피를 흘려 바닥을 적시기도 하느니라.

이러한 고통을 겪으며 자식을 낳은 다음에는 쓴 것은 삼키고 단것은 뱉어서 아기에게 먹이며, 품에 안고 고이 기르느니라.

똥오줌을 치우고 빨래하는 것을 수고롭게 여기지 않고, 추위와 더위를 견디는 것을 고생이라 생각하지 않으며, 마른자리에는 아기를 눕히고 젖은 자리는 어머니가 차지하느니라.

3년 동안 어머니의 젖을 먹고 점점

자라 나이가 찰 때까지 예절과 도
의를 가르치며, 장가들이고 시집보
내고 벼슬도 얻게 하고 직업도 갖게
하느니라.

수고롭게 가르치고 정성 들여 기
르는 일이 끝나도 부모의 은혜로운
정은 끊이지 않나니, 아들딸이 병이
나면 부모도 병이 나고 아들딸의 병
이 나으면 부모의 병도 곧 낫느니라.

이렇게 양육하며 어서 어른이 되
기를 바라건만, 자식은 장성한 뒤에
도리어 효도를 하지 않느니라.

어른들과 이야기할 때 거칠게 대꾸하고, 심지어 눈을 흘기고 눈알을 부라리며 부모와 삼촌들을 능멸하며, 형제들을 때리거나 욕하고, 친척들을 헐뜯느니라.

예의가 없어 스승의 가르침을 따르지 않고, 부모의 가르침이나 분부를 따르지 않으며, 형제끼리 함께 한 말도 짐짓 지키지 않느니라.

출입하고 왕래를 할 때 어른께 아뢰지 않고, 말과 행실이 교만하고 버릇이 없으며, 일을 제멋대로 처리하느니라.

이때 부모는 훈계하고 벌을 주어야 하며, 친척들 또한 잘못을 일러주어야 하거늘, 어려서부터 귀엽게만 생각하고 감싸기만 하기 때문에, 자라나면서 점점 사나워지고 비뚤어져서 잘못을 고치기는커녕, 잘못을 일러주면 오히려 성을 내고 원망하고 착한 벗들을 버리고 악한 사람을 가까이하느니라.

이러한 습성이 거듭되면 마침내 몹쓸 계교를 꾸미다가 남의 꾀임에 빠져 타향으로 도망쳐서, 부모를 등지고 고향을 등진 곳에서 장사를 하거나 싸움터에 나가 그럭저럭 지내다가, 문득 혼인을 하게 되면 이것이 걸림이 되어 오래도록 집으로 돌아가지 않느니라.

또한 타향에서 함부로 행동하거나 남의 모략을 받아 구금을 당하거나 억울한 형벌을 받아 감옥에 갇히거나, 병을 얻고 모진 액난에 얽혀 곤란과 고통과 배고픔과 고달픔에 시달릴지라도 돌보아주는 사람이 없느니라.

또 남의 미움과 천대를 받아 길거

리에 나앉아 죽게 되어도 누구 하나 보살펴 줄 사람이 없고, 죽은 다음 시체가 퉁퉁 부어올랐다가 썩어 문드러지면 백골이 바람을 맞으며 타향 땅에서 굴러다니나니, 부모 친족들과 기쁘게 만날 기회는 영영 없어지고 마느니라.

이때 부모의 마음은 자식을 따르기 마련이므로 길이길이 근심 걱정을 하나니, 혹은 피눈물을 흘리며 울다가 실명을 하고, 혹은 너무 슬퍼하다가 기운이 쇠진하여 병들기도 하고, 혹은 자식 걱정으로 쇠약해진

끝에 한을 품고 죽어 외로운 혼이
되어서도 끝내 자식 생각을 놓지 못
하느니라.

또 자식이 효도와 의리를 숭상하
지 아니하고 나쁜 무리들과 어울려
서 무례하고 거칠고 이익이 없는 일
을 즐겨 익히거나, 남과 싸우고 때리
고 도둑질하고 남의 마을에 침범하
거나 술 마시고 노름하는 등의 여러
가지 허물을 두루 범하여, 형제들에
게 누를 끼치고 부모님께 큰 근심을
주느니라.

새벽에 집을 나가서는 늦게 돌아와 부모를 항상 근심하게 할 뿐, 부모의 사정이나 안부는 아랑곳하지 않고 문안을 드리지도 않느니라.

길이 부모를 편히 모시겠다는 생각은 아예 없고, 부모의 나이가 많아져서 쇠약하고 파리하게 되면, 남들 보기에 수치스럽다며 구박을 하고 괄시를 하느니라.

또한 아버지가 홀로 되거나 어머니가 홀로 되어 빈방을 지키게 되면 마치 객실에 묵고 있는 나그네 마냥 여겨서 방이나 이불에 먼지가 쌓여도 청소를 해주지 않으며, 아침저녁 인사를 아예 끊고 추운지 더운지 주린지 목마른지 전혀 아는 체하지 않나니, 이로 인해 부모는 밤낮으로 탄식하고 슬퍼하느니라.

맛있는 음식이 있으면 마땅히 얻어다가 부모님께 드려야 하거늘, 짐짓 부끄럽고 다른 사람들이 웃는다며 얻어오지 않느니라. 그러나 처자식에게 줄 때는 음식을 얻는 일이 궁색하고 피로하고 창피할지라도 능히 참아내느니라.

또 아내와의 약속은 무슨 일이든
지 다 지키면서 부모의 말씀과 꾸지
람은 전혀 어려워하거나 두렵게 생
각하지 않느니라.

또 결혼하여 남의 배필이 된 딸들
은 결혼 전의 효순 하던 것과는 달
리 시집간 다음에는 불효한 마음이
차츰 늘어서, 부모의 조그마한 꾸중
에도 곧바로 화를 내느니라.

제 남편이 꾸중하고 때리면 달갑
게 받아들이고, 성이 다른 남편 쪽
의 종친에게는 정을 내고 정중히 대

하면서도, 친정의 친척에게는 도리어 성글게 대하느니라.

또 남편을 따라서 타향으로 옮겨 가게 되면 멀리 계신 부모에 대해 사모하는 생각이 없는 듯 소식을 끊나니, 소식을 알지 못하는 부모는 애가 타고 거꾸로 매달린 듯한 고통 속에서 얼굴을 한번 보기를 원하나니, 마치 목마른 이가 물 생각을 하듯이 잠시도 그칠 날이 없으니라.

부모의 은덕은 한량없고 끝이 없으며, 불효의 허물은 말로써 다 드러내기조차 어려우니라."

그때 대중들은 부모의 은덕을 설하신 부처님의 말씀이 너무나 사무쳐서 몸을 땅바닥에 던졌다. 그들은 털구멍마다 피를 쏟고 혼절하였다가 한참 만에 깨어나서 큰소리로 울부짖었다.

"슬프고 괴롭습니다. 저희가 죄인임을 비로소 알았습니다. 지금까지 깨닫지 못하고 깜깜한 밤길을 다니듯이 하다가, 이제 잘못을 깨닫고 보니 가슴속이 다 부서지는 것 같습니다.

바라옵건대 세존이시여, 저희를 불쌍히 여겨 구원해 주옵소서. 어떻게 하여야 부모의 깊은 은혜를 갚을 수 있나이까?"

그때 여래께서는 여덟 가지를 깊고도 장중한 범음(梵音)으로 대중들에게 이르셨다.

"너희는 잘 들어라. 내가 이제 너희를 위해 분별하여 해설해 주리라.

① 가령 어떤 이가 왼쪽 어깨 위에

아버지를 모시고 오른쪽 어깨 위에 어머니를 모시고서 수미산을 백천 번을 돌되, 피부가 다 닳아 뼈가 드러나고 뼈가 뚫어져 골수가 드러날 지라도, 부모의 깊은 은혜는 다 갚지 못하느니라.

②가령 어떤 이가 흉년을 당하였을 때 부모를 위하여 자기의 몸에 있는 살을 다 도려내고 티끌같이 잘게 썰어 공양하기를 백천 겁 동안 계속할지라도, 부모의 깊은 은혜는 다 갚지 못하느니라.

③가령 어떤 이가 부모를 위하여

날카로운 칼로 소중한 눈을 도려내
어 부처님께 바치기를 백천 겁 동안
계속할지라도, 부모의 깊은 은혜는
다 갚지 못하느니라.

④ 가령 어떤 이가 부모를 위하여
날카로운 칼로 자기의 심장과 간을
베어내고 피가 온 땅을 덮어도 그
고통을 마다하지 않기를 백천 겁 동
안 계속할지라도, 부모의 깊은 은혜
는 다 갚지 못하느니라.

⑤ 가령 어떤 이가 부모를 위하여
백천 자루의 칼로 자기의 몸을 찔러
칼날이 좌우로 드나들게 하기를 백

천 겁 동안 계속할지라도, 부모의 깊
은 은혜는 다 갚지 못하느니라.

⑥ 가령 어떤 이가 부모를 위하여
자기의 몸에 불을 붙여 등불로 만든
다음 부처님께 공양하기를 백천 겁
동안 계속할지라도, 부모의 깊은 은
혜는 다 갚지 못하느니라.

⑦ 가령 어떤 이가 부모를 위하여
뼈를 부수어 골수를 내고 백천 개의
칼날과 창끝으로 일시에 자기 몸을
찌르기를 백천 겁 동안을 계속할지
라도, 부모의 깊은 은혜는 다 갚지
못하느니라.

⑧가령 어떤 이가 부모를 위하여 뜨거운 무쇠 덩어리를 삼키며 백천 겁 동안 온몸을 태워 문드러지게 할지라도, 부모의 깊은 은혜는 다 갚지 못하느니라."

그때 대중들은 부처님께서 설하신 부모의 은덕을 듣고 슬피 울면서 부처님께 아뢰었다.

"세존이시여, 저희가 큰 죄인임을 이제야 알았나이다. 어떻게 하여야 부모의 깊은 은혜를 갚을 수 있겠나이까?"

부처님께서 제자들에게 이르셨다.

"부모의 은혜를 갚고자 하거든

① 부모를 위하여 이 경을 쓰고[書寫
此經]

② 부모를 위하여 이 경을 읽고[讀誦
此經]

③ 부모를 위하여 허물을 참회하고
[懺悔罪愆]

④ 부모를 위하여 삼보에 공양하고
[供養三寶]

⑤ 부모를 위하여 재계를 지키고[受 持齋戒]

⑥ 부모를 위하여 보시하고 복을 닦 을지니라[布施修福].

또 자식 된 사람이 밖에서 햇과일 을 얻거든 집으로 가지고 와서 부모 에게 드릴지니라. 부모는 이것을 얻 어 기뻐하면서, 스스로만 먹을 수 없 다며 삼보께 올려 공양하게 되면, 곧 보리심을 일으키게 될 것이니라.

부모가 병이 나면 곁을 떠나지 말 고 친히 간호할지니라. 주야로 삼보

께 귀의하고 부모의 병이 낫기를 축
원하며, 잠시라도 은혜를 잊어서는
안 되느니라.

　부모가

완고하여 삼보를 받들지 아니하고

어질지 못하여 남을 상하게 하고

의롭지 못하여 남의 물건을 훔치고

예절이 없어 몸을 단정히 하지 못
하고

신의가 없어 남을 속이고

지혜가 없어 술에 빠지거든

자식은 그 잘못을 말하고 깨우쳐 주
어야 하느니라.

그래도 깨우치지 아니하면 울고 호소하며 스스로의 식음을 전폐할지니라. 부모가 비록 완고할지라도 자식이 죽는 것은 두려워하므로 은애의 정에 못 이겨 바른길로 들어서게 되느니라.

　　부모가 마침내 오계(五戒)를 받들어,
자비를 알아 죽이지 아니하고
옳음을 알아 훔치지 아니하고
예절을 알아 방탕하지 아니하고
믿음을 알아 속이지 아니하고
지혜를 알아 술 취하지 아니하면

이승에서는 편안 속에 살고 저승에서는 천상에 나게 되어, 부처님을 뵈옵고 법문을 들어 길이길이 지옥의 괴로움을 면하게 되느니라.

만약 능히 이와 같이 하면 효순하는 자식이라 할 것이요, 이러한 행을 닦지 않으면 지옥의 식구가 될 것이니라."

부처님께서 아난에게 이르셨다.

"불효한 자식은 목숨이 다하면 아비무간지옥에 떨어지느니라.

이 대지옥은 가로 세로의 길이가 8만 유순(由旬)이요, 사면이 무쇠성으로 둘러싸여 있고, 그 주위에 쇠그물이 둘러쳐져 있느니라. 붉은 무쇠로 되어 있는 땅에서는 뜨거운 불기둥이 활활 솟으며, 맹렬한 불길이 우레같이 퍼져 가고 번개같이 번쩍이느니라.

여기에서는 구리와 무쇠를 끓여 녹인 물을 죄인의 입에 부어 넣고, 무쇠로 된 뱀과 구리로 된 개가 연신 불꽃과 연기를 뿜어 죄인의 살을 태우되 기름에 들볶듯이 하나니, 그

고통은 참으로 참기 어렵고 견디기
어려우니라.

또 쇠채찍과 쇠꼬창이와 쇠망치
와 쇠창과 칼이 비나 구름처럼 공중
에서 쏟아져 내려와서 죄인을 베거
나 찔러 심한 고통을 주되, 여러 겁
동안 잠시도 끊일 사이 없이 고통을
받느니라.

이 죄인이 다시 다른 지옥으로 들
어가면, 불화로를 머리에 이게 한 다
음, 무쇠 수레를 몰아 사지를 찢으
면 창자와 뼈와 살이 불타고 사방으
로 흩어지나니, 이렇게 하루에도 천

번 만번을 죽고 살아나기를 되풀이
하느니라.

　이와 같은 고통을 받게 되는 것은
모두가 전생에 오역(五逆)의 불효한 죄를
범한 때문이니라."

　그때 대중들이 부처님의 말씀을 듣
고 슬피 울면서 부처님께 아뢰었다.

　"저희들이 어떻게 하여야 부모의
깊은 은혜를 갚을 수 있나이까?"

　부처님께서 제자들에게 이르셨다.

"부모의 은혜를 갚고자 하거든 부모를 위하여 경전을 펴내도록 하여라. 이것이 참으로 부모의 은혜를 갚는 길이다.

경전 한 권을 만들면 능히 한 부처님을 뵈올 수 있고, 열 권을 만들면 열 부처님을 뵈올 수 있고, 백 권을 만들면 백 부처님을 뵈올 수 있고, 천 권을 만들면 천 부처님을 뵈올 수 있고, 만 권을 만들면 만 부처님을 뵈올 수 있느니라.

이 사람이 경을 펴낸 공덕의 힘으로 부처님들께서 항상 옹호하시어,

그의 부모는 지옥의 고통을 영원히 떠나게 하고, 천상에 태어나 모든 즐거움을 누릴 수 있게 해주시느니라."

유통분流通分

그때 여러 대중 가운데 있던 천·
용·야차·건달바·아수라·가루라·
긴나라·마후라가·인비인^{人非人} 등과 여러
작은 나라의 왕들과 전륜성왕^{轉輪聖王} 등의
모든 대중들이 부처님의 말씀을 듣
고 각기 다음과 같은 원을 발하였다.

"저희는 미래 세상이 다할 때까지,
차라리 이 몸을 부순 다음 가는
먼지를 만들어 백천 겁을 지날지언
정, 맹세코 부처님의 거룩하신 가르

침을 어기지 않겠나이다.

차라리 백천 겁 동안 혀를 백 유순의 길이가 되도록 뽑아 쇠로 만든 쟁기로 갈아서 피가 강을 이룰지언정, 맹세코 부처님의 거룩하신 가르침을 어기지 않겠나이다.

차라리 백천 자루의 칼로 이 몸을 찔러 좌우로 드나들게 할지언정, 맹세코 부처님의 거룩하신 가르침을 어기지 않겠나이다.

차라리 쇠그물로 이 몸을 얽어 백천 겁을 지낼지언정, 맹세코 부처님의 거룩하신 가르침을 어기지 않겠나이다.

차라리 방아로 이 몸을 찧어 백천
만 조각이 나고 가죽과 살과 힘줄과
뼈가 모두 가루가 되어 떨어져 나가
기를 백천 겁 동안 계속할지언정, 마
침내 부처님의 거룩하신 가르침을
어기지 않겠나이다."

그때 아난이 부처님께 여쭈었다.

"세존이시여, 이 경의 이름은 무엇
이오며, 저희가 어떻게 받들어 지녀
야 하나이까?"

부처님께서 아난에게 이르셨다.

"이 경의 이름은 대보부모은중경(大報父母恩重經)
이니, 너희는 이 이름으로 항상 받들
고 지닐지니라."

그때 천신과 사람과 아수라 등의 대
중들 모두가 부처님의 말씀을 듣고
크게 환희하여 믿고 받들고 지녔으며,
부처님께 예를 올리고 물러갔다.

〈부모은중경 끝〉

부모은중경을 독송하는 방법

1. 경문을 읽기 전에

① 먼저 3배를 올리고 '부처님 감사합니다'를 세 번 염한 다음, 부모은중경을 펼쳐 들고 다음과 같은 축원을 세 번 합니다.

"시방세계의 가득하신 불보살님이시여, 세세생생 지은 죄업을 모두 참회드리옵니다.

이제 이 경을 읽는 공덕을 선망조상과 유주무주 영가의 천도, 그리고 부모님의 행복을 위해 바칩니다.

아울러 저희 가족 모두가 건강하옵고, 하는 일들이 다 순탄하여지이다."(3번)

이렇게 기본적인 축원을 하고, 꼭 성취되기를 바라는 일이 있으면 추가로 축원을 합니다. 이 경우에는 각자의 원願에 맞게 적당한 축원문을 만들어서 발원을 하면 매우 좋습니다.

②축원을 한 다음 「개법장진언」 **'옴 아라남 아라다'**(3번)를 염송합니다. 흔히 정구업진언·오방내외안위제신진언·개경게開經偈로 구성된 「전경轉經」을 외우기도 하는데, 「개법장진언」만으로 족합니다.

③개법장진언 다음에는 '나무대보부모은중경'을 세 번 꼭 외우도록 합니다.

2. 경문을 읽을 때

①은중경 본문을 독경할 때는 원래 부처님께서 설하신 경문만을 읽고, 분류를 위해 표기한 서분·정종분·유통분과, 편의상 붙인 숫자 ①②③ 등은 읽지 않습니다.

②은중경을 읽을 때는 반드시 '나' 스스로에게, 또 부모님께 들려준다는 자세로 정성껏 읽어야 합니다. 절대로 '그냥 한 편을 읽기만 하면 된다'는 자세로 뜻 모르고 읽어서는 안 됩니다. 스스로 뜻을 새기고 이해를 하며 읽는 것이 무엇보다 중요합니다.

뜻을 새기며 읽어 은중경의 내용이 '나'의 것이 되고, 은중경의 가르침이 '나'의 것이 되면 효심孝心이나 업장참회는 물론이요 무량공덕이 저절로 생겨나게 됩니다.

거듭거듭 당부드리오니, 결코 은중경을 형식

적으로 읽지 않기를 바랍니다.

④ 은중경을 다 읽었으면 다시 축원을 세 번
하여야 합니다. 그 요령은 시작할 때와 같습니
다. 그리고 마지막으로 회향축원을 세 번 하여
야 합니다.

"이 경을 읽은 공덕을 부모님을 비롯하여 이
법계 일체중생의 발보리심과 해탈과 행복에 회향
하옵니다. 아울러 저희 또한 지은 업장을 소멸하
여 위없는 깨달음을 이루어지이다."(3번)

꼭 은중경을 읽은 공덕을 회향하여 마음밭에
새로운 씨를 심는 것이 좋습니다.

3. 독송의 기간 및 횟수

① 가피와 부모님의 천도를 이룰 목적으로 은중경을 읽을 때는 49일 동안 독송하면 좋습니다. 독송 횟수는 하루 2독을 하여 총 1백 독을 채울 것을 권합니다(첫날과 마지막 날은 3독씩 독송). 1백 독을 하면 부모님 은혜가 마음에 사무치고, 그에 따른 공덕 또한 많이 쌓이기 때문입니다.

그러므로 이 책의 뒤에 1독을 할 때마다 1칸씩 표기할 수 있도록 1백 칸을 마련해 두었습니다.

그러나 사람에 따라 형편과 능력이 다를 것이므로 스스로 독송 기간과 횟수를 잘 선택하여 기도하기 바랍니다.

만약 시간이 많지 않은 사람은 하루 1독이라도 좋으니 꾸준히 하여 1백 독을 채우기 바랍니다. 단, 한번 정하였으면 아주 특별한 일이 일어나지 않는 이상 변경하지 않는 것이 좋습니다.

②독경을 하는 시간은 하루 중 가장 정신이 맑을 때나 다른 사람으로 인해 방해를 받지 않는 시간이 좋습니다.

장소는 집이나 사무실, 사찰 등 어디에서든 한 자리에 좌정하여 읽는 것이 좋으며, 형편이 여의찮으면 출퇴근 버스나 전철에서 읽어도 무방합니다. 중요한 것은 '내가 세워 정한 약속을 지킨다'는 것임을 명심하기 바랍니다.

은중경 독송 불자께 당부드립니다

김현준(불교신행연구원 원장)

효도하면 만복이 깃든다

일부 특별한 인연으로 맺어진 경우 외에, 대부분의 자녀들은 부모님의 사랑 속에서 자랍니다. 부모님의 사랑! 세상에서 이것처럼 숭고한 것은 드뭅니다.

부모님의 사랑은 조건도 보상도 없습니다. 자식이 잘되기를 기원하며 베풀고 또 베풀기만 하는 무조건적인 사랑입니다.

자식을 위해서는 어떠한 궂은일도 마다하지 않는 분이 부모요, 아무리 힘이 들더라도 자식이 잘되면 지난 고생을 한순간에 잊고 모두를 보람으로 삼는 분이 부모입니다.

그러나 우리는 부모님을 잊고 살 때가 많습니다. 자식이나 사랑하는 이를 위해서는 기꺼이 기도를 하고 희생도 하면서, 부모를 위해서는 기도도 희생도 잘 하지 않습니다.

왜 이 시대의 사람들은 모든 행복의 가장 기초가 되는 효孝를 차츰 잊고 사는 것일까요? 부모님으로부터 크나큰 은혜를 입어 지금 이 자리에 이르게 되었는데도….

『심지관경心地觀經』에서 부처님께서는 말씀하셨습니다.

"선남자야, 세상에서 어떤 이를 부자라 하고, 어떤 이를 가난한 이라고 하는가?

부모님이 계시면 부자라 하고, 부모님이 안 계시면 가난하다 하느니라.

아버지가 계시면 한낮에 해가 있음과 같고, 어머니가 계시면 밝은 달이 밤하늘에 있음과 같으

며, 부모님이 돌아가시면 해와 달이 사라진 암흑
천지와 같으니라.

그러므로 부모님 살아계실 때 부지런히 효도
하고 봉양해야 하느니라. 지성으로 부처님께 공
양을 올리는 사람과 정성을 들여 부모님께 효도
하는 사람의 지은 바 복은 조금도 차이가 없으
며, 그 과보로 삼세 동안 복을 받되 다함이 없느
니라."

부처님의 말씀처럼 부모님은 우리에게 해와
달이 되어 주십니다. 곧 두려움·어려움·어둠을
물리쳐주는 빛이요 광명인 것입니다. 그 은혜로
우리는 자랐습니다. 그것을 누가 모르겠습니
까?

하지만 하늘에 있는 태양과 달의 은혜를 망
각하며 살듯이, 부모의 은혜를 잊은 채 부모님
께 소홀히 합니다. 때로는 섭섭하게 만들고, 때

로는 마음을 상하게도 합니다.

적어도 우리는 부모를 부모로 대할 줄 알아야 합니다. 부모는 아무리 늙어도 부모입니다. 아무리 힘이 없어도 부모입니다. 죽은 다음에도 부모는 부모입니다.

그리고 부모는 부모의 자리에 있어야 하고, 자식은 자식의 자리에 있어야 합니다. 위에 있는 부모를 아래에서 받드는 것! 그것이 효의 출발이요 보살도의 출발입니다.

비록 부모가 늙고 힘이 없어 자식에게 의지할지언정, 부모의 자리는 언제나 자식의 위쪽입니다. 부모와 자식이 마땅히 있어야 할 자리에 있는 가정이라야 행복이 쌓일 수 있고 집안이 평안해질 수 있습니다.

물론 이는 누구나 다 알고 있는 평이한 말입니다. 하지만 이 말은 원리입니다. 원리이기 때문에 바뀌지 않고, 원리에 입각하여 살 때 행복과 평안이 깃들게 됩니다.

곧 부모님이 평안하여야 내가 평안하고 우리의 아들딸이 평안해지는 것입니다. 부모님이 행복하여야 내가 행복하고 우리의 아들딸이 행복해지는 것입니다.

부모가 불행하고 불편한데 내가 어찌 평안할 수 있으며, 우리의 아들딸이 어찌 행복할 수 있겠습니까?

부모를 편안하고 행복하게 해줄 때 나와 아들딸이 평안하고 행복해지는 것이 이 법계의 원리입니다.

이 원리를 우리는 잘 명심해야 합니다. 모든 것은 대우주법계의 원리에 따라 전개되고, 순리를 어기면 불행이 전개됩니다. 부모를 무시한 채 아들딸에게만 잘한다면 절대로 그 집안은 잘되지 않습니다.

실제로 아들딸이 문제아인 경우, 그 인과를

캐보면 내가 부모를 잘 봉양하지 못했기 때문인 경우가 많습니다. 바꾸어 말하면, 부모님께 잘할 때 아들딸은 저절로 잘됩니다. 이것이 법계의 원리요 인과의 법칙입니다.

그러므로 참된 행복과 평화로움을 원하거든 효도부터 하십시오. 그리고 효의 실천을 통하여 아들딸에게 효도를 가르치십시오.

그렇게 하면 법계에 가득한 행복과 평안의 기운이 우리의 집안 속에 저절로 깃들게 됩니다.

나의 업이 부모를 선택했다

그런데 요즘 이 땅에는 묘한 풍조가 생겨나고 있습니다. 효도를 제일의 미덕으로 삼았던 옛날과는 달리, 부모가 자식의 눈치를 보고 시부모가 며느리에게 구박을 당하면서도 아무런 말도 하지 못하는 시대로 바뀌고 있습니다. 늙은 부모를 돌보지 않는 자식은 이미 흔하게 되었으며, 부모를 때리는 자식, 버리는 자식, 죽이는 자식까지 있습니다.

돈황출토본 『부모은중경』에는 이에 대한 부처님의 강한 경고의 말씀이 있습니다.

"부모 나이 많아 기력이 줄면 더욱 부모를 멀리하고 문안조차 하기를 꺼려하여, 마치 길 가는 나그네가 붙어서 사는 것처럼 돌보지 않는 자식이 있다.

이에 부모는 마침내 크게 탄식하기를, '내 전생에 무슨 죄를 지어 저렇듯 불효한 자식을 두었던고' 하기에 이르느니라.

만약 자식이 되어 부모로 하여금 이런 말을 하기에 이르도록 하면, 그 자식은 이 말과 함께 곧 아비지옥에 떨어지게 될 것이며, 부처님과 천신들도 그를 건지지 못하느니라."

가히 '부모의 탄식'만으로도, 자식이 몸을 움직일 수조차 없는 무간지옥에 떨어진다고 하였는데, 부모를 때리고 버린다면 그 업이 어떠하겠습니까?

하지만 이러한 업설業說로도 효가 바로 서지 않는 것이 요즘 사회입니다. 핵가족화가 되면서, 이 사회에 '부모보다 나와 자식이 먼저'하는 이기심이 뿌리를 내려 보편화되고 있기 때문입니다.

이제 우리는 태어남과 관련된 한 가지 근원적인 문제를 통하여 효의 당위성을 생각해 볼 때가 되었습니다. 그럼 한 가지 문제란 무엇인가?

그것은 '나'의 태어남에 있어, **"부모가 나를 선택했는가? 내가 부모를 선택했는가?"** 하는 것입니다.

가끔씩 청소년들에게 물어보면 대답이 한결같습니다.

"너는 어떻게 해서 이 세상에 태어나게 되었느냐?"

"몰라요. 우리 부모님이 사랑을 나누다가 저를 낳은 것이겠지요."

그리고 전통적으로는, '아버지는 씨요 어머니는 밭이며, 그 밭에 씨를 심고 가꾸어 태어난 존재가 자식'이라고 주장합니다. 이에 덧붙여, '아버지 어머니가 없었으면 애초부터 태어날 수 없었으므로 효도를 해야 한다'고 가르쳐 왔습니다.

그러나 이러한 말들을 되씹어보면, '이 세상에 태어난 것이 나의 의지와는 관련이 없으며, 따라서 책임도 없다'는 논리를 성립시킵니다.

이 논리에 의해 아이들은, '나는 부모님의 의지 또는 사랑놀이에 의해 태어났고, 내가 이러한 부모를 모시고 이러한 환경에서 살게 된 것은 오로지 부모님의 책임'이라고까지 합니다.

그래서 아이들은 자신이 아주 힘든 상황에 처하거나 부모로부터 강한 제재를 받을 때 종종 소리칩니다.

"내가 언제 나고자 했나? 자기들이 원해 낳았으면서…."

"기왕이면 말 잘 듣고 똑똑한 아이 낳지, 왜 나를 낳았어?"

"왜 나를 낳아 이렇게 힘든 세상을 살게 하는 거야?"

"낳았으면 책임을 져야지, 왜 나만 힘들게 해!"

이러한 말들을 자세히 분석해 보십시오.

이 세상에 태어난 것이 나의 의지와는 아무런 상관이 없다는 것입니다. 모두가 부모 탓이라는 것입니다. 이 힘들고 마음대로 되지 않는 사바세계에 태어난 것이 부모 때문인데, 부모 때문에 태어나 고달프고 힘들게 사는데, 효도는 무엇이며 부모에게 잘할 까닭이 무엇이냐는 것입니다.

그래서 부모에게 반항을 하기도 하고, 아내·남편·자식이나 잘 거두며 살면 된다고 생각합니다.

물론 자식이 행복할 때는 이러한 생각을 하지 않겠지만, 이러한 생각이 잠깐이라도 떠오르는 것은 '내가 이 세상에 태어나게 된 까닭'을 잘 모르고 있기 때문이며, 그 근원적인 까닭을 분명히 알면 불효가 되는 말이나 행동이나 생각을 함부로 하지 않게 됩니다.

부디 기억하십시오.

결코 우리는 이 세상에 그냥 태어난 존재가 아닙니다. 어머니라는 밭에 아버지가 씨를 심어 생겨난 존재가 아닙니다. 부모의 사랑놀이에 의해 태어난 존재가 아닙니다. '어머니, 왜 나를 낳으셨나요?'라며 원망을 할 수 있는 존재가 아닙니다.

내가 이 세상에 태어난 것은 '나'의 업에 의해서입니다.

인연법으로 풀이하면 내가 인因입니다. 내가 씨앗이요 부모는 연緣, 곧 환경입니다. 나의 업業이 부모를 찾아가고, 내 업의 기운 때문에 어머니의 태중으로 들어간 것입니다.

부모가 나를 만들어 낸 것이 아니라, 내가 부모를 선택한 것입니다. 나의 업이 부모를 선택하며 내가 이 세상에 태어난 것입니다.

굳이 책임을 따진다면, 오히려 부모는 여러 생의 인연과 빚으로 나를 낳아주고 키워주고 정성을 다할 뿐이며, 부모를 택한 것은 오로지 나의 의지요 나의 업 때문입니다.

윤회와 관련된 옛이야기 속에는 이를 입증해 주는 사례들이 참으로 많습니다.

그런데 그 사례들을 살펴보면, 영가들의 눈에는 하나같이 의탁할 새로운 삶의 인연처가 한없이 좋게만 보인다는 것입니다.

  개의 태胎가 신선이 노니는 곳으로 보이고, 까치의 집이 고래등 같은 집으로 보여 '좋다구나'하면서 그 속으로 들어갑니다. 그 결과, 개로 태어나고 까치의 몸을 받습니다.

  나의 부모 태중 또한 대광명을 발하는 아주 좋은 별천지로 보여 그곳으로 찾아갑니다. 그때 다른 곳은 온통 어두워서 보이지가 않습니다. 오직 자기가 태어날 인연처만 또렷이 보이고 다시없이 좋게 느껴지는 것입니다.

  이것이 무엇을 일깨워 줍니까? 나는 나의 업대로 태어난다는 것입니다. 부처님과 하느님도 아닙니다. 나의 업이 나를 인도하여 인연 있는 부모를 선택하고, 그 부모 슬하의 자식이 된 것입니다.

그러므로 이 세상에 태어나는 것, 현재의 부모를 모시게 된 것이 철두철미하게 '나' 때문임을 깨달아야 합니다. 나의 업 때문임을 깨달아야 합니다.

이렇게 세상에 태어나게 된 인因이 바로 나요, 부모는 나를 이 세상에 존재하게끔 도와준 연緣이라는 사실을 분명히 알면, 어떠한 자식도 부모를 탓하거나 몹쓸 업을 짓지 않게 됩니다.

부디 자식의 자리에 있는 분들은 깊이 명심하십시오. 내가 부모를 선택하였다는 것을! 나에게 오는 고난·시련·아픔 등은 부모 때문이 아니라는 것을!

앞으로는 절대로 부모를 원망하지 마십시오. 내가 현재의 집안에서 태어나 이미 받았고 앞으로 받게 될 행복과 불행은 다 '나 때문'이라는 것을 되새겨 기꺼이 감수하면서, 효도라는 최상의 선을 실천해야 합니다.

인因은 나요, 부모는 연緣! 어찌 연(환경)에 내가 받는 과보의 책임을 돌릴 것입니까? 연이 되어 주신 부모님을 어떻게 원망할 수 있겠습니까? 나아가, 이 부모가 다음 생에는 나의 자식이 되어 빚을 받게 되는 것이니….

불교에서 효도를 하라는 진정한 이유도 여기에 있습니다. 효도를 통하여 부모와의 맺힌 업을 녹이고, 효의 도를 통하여 향상의 길로 나아가면 끝없는 행복이 펼쳐집니다.

효孝! 결국 누구를 위한 효도입니까? 인연법을 믿는 불자라면 능히 이해하여 효를 실천하게 될 것입니다.

부모님 은혜와 효도하는 법

앞의 『부모은중경』에서 살펴보았듯이, 부처님께서는 부모님의 열 가지 큰 은혜인 십중대은+重大恩을 게송으로 설하셨습니다.

잉태하는 그 순간부터 낳고 기르고 끝까지 어여삐 여기는 십중대은! 실로 내 자식이 아니라면, 세상에서 누구에게 이렇듯 큰 은혜를 베풀겠습니까?

힘들어도 감수하고 아파도 감수하고 슬퍼도 감수하면서, 부모님은 자식을 위해 마냥 축원하고 마냥 베풀어주십니다. 그 마음가짐, 그 행동, 그 노력 하나하나를 돌이켜보면 눈물겹도록 감사하고, 부모님의 은혜를 어떻게 하여야 다 갚을지 참으로 막막하기까지 합니다.

하지만 부모님의 은혜를 마음 깊이 담을 수만 있다면, 자식 된 우리 또한 효를 능히 지혜롭게 실천할 수 있을 것입니다. 그러므로 효도하는 법에 대해 너무 많은 이야기는 하지 않겠습니다.

다만 꼭 지켰으면 하는 **세 가지 기본 사항**만 제시하고자 합니다.

첫째, 부모님께 감사를 드립시다.

대부분의 자식들은 부모님의 크신 은혜와 사랑을 마음에 새겨 부모님께 잘해 드리고자 합니다. 그러나 바쁘게 살다 보면 그 은혜와 사랑을 잊을 때가 많습니다. 그러므로 하루에 한두 차례씩은 부모님을 떠올리며 '감사합니다'를 염송할 필요가 있습니다.

매일 기도를 하는 불자라면 꼭 기도 끝에 부모님의 모습을 떠올리며 축원과 함께 '아버님 어머님, 감사합니다'(3번)라고 하십시오.

매일 기도하지 않는 이라면, 부모님이 떠오를 때 '감사합니다'를 세 번씩 하면 됩니다.

감사의 그 마음은 이 법계의 파장을 타고 살아계신 부모나 돌아가신 부모님께 전달되며, 부모님께서는 흐뭇함과 평화를 느끼게 되고, 그 복은 다시 나에게로 돌아옵니다.

아울러 일상생활 속에서도 부모로부터 도움을 받거나 힘을 얻었을 경우, 당연하다는 듯이 그냥 넘어가지 말고 '감사합니다'라고 하십시오. 그 말 한마디가 부모 자식의 인연을 더욱 좋게 만들어 줍니다.

둘째, 부모님을 부처님처럼 대하고자 하십시오.

우리 불교에서는 부모님을 부처님처럼 받들라고 합니다. 무조건적인 사랑을 베푸는 부모님은 무연대비無緣大悲를 실현하는 부처님과 다를 바가 없기 때문에, 부처님처럼 받드는 것이 당연하다는 가르침입니다.

지금 우리 앞에 부처님이 계신다고 합시다. 만약 부처님께서 '어떻게 하여라'고 하신다면, '싫어요·아니요·못해요'라고 하겠습니까? 설혹 못할지라도 '예'라고 할 것입니다.

부모님은 부처님과 동격입니다. 그러므로 부모님의 말씀이나 지시가 있을 때, 먼저 '예'라고 대답하는 습관부터 길러야 합니다. 먼저 '예'라고 긍정할 때, 법계에 가득한 순리順理의 좋은 기운이 나에게 깃들게 됩니다.

물론 부모님께서 그릇된 것을 이야기할 때는 거부하는 것이 마땅합니다. 그것이 효의 길이기 때문입니다.

그러나 일단은 '예'라고 대답한 다음, '그런데 부모님, 그 일은…' 하며 차근히 설득하십시오. 그렇게 하면 부모님은 자식의 거부에 섭섭함을 느끼기보다 대견스럽게 여기십니다. 아울러 일방적인 지시는 차츰 사라지고, 상의와 대화를 하고자 하십니다.

그리고 부모가 자식을 기를 때 베풀었듯이 나이 드신 부모님께는 물질적인 재시財施, 정법을 알게 하는 법시法施, 평화로움을 안겨주는 무외시無畏施를 함께 베풀어야 합니다.

특히 함께 살지 않는 부모님일 경우라면 며칠에 한 번씩 드리는 문안 전화, 명절이나 생일 때의 정성이 담긴 선물, 형편껏 드리는 용돈, 그리고 따뜻한 말 한마디가 중요합니다.

의지할 곳 없는 외로운 노인이 아니라, 의지처가 되는 든든한 자식이 있다는 것을 느끼는 것만으로도 우리의 부모님들은 기뻐하고 행복해합니다.

부모님께 두려움 없는 평화로움을 드리는 것! 이것이 최상의 보시인 무외시요, 효도이며, 무한 행복을 불러들이는 최상의 방법입니다. 꼭 기억하시기 바랍니다. 우리의 부모님이 부처님

같은 분임을….

   셋째, 돌아가신 부모님을 천도해 주십시오.

   돌아가신 부모님을 위해 한 차례의 정성이 깃든 천도는 자식 된 도리로 볼 때 당연한 것입니다. 그래서 불교에서는 49재를 지내줍니다. 그러나 돈을 주고 절에서만 천도재를 올린다고 하여 영가가 좋은 세상에 태어나는 것은 쉽지가 않습니다. 49재를 지낼 때는 꼭 자식의 정성이 함께 해야 합니다.

   영가가 이 세상에서 가장 애착을 가졌던 존재가 자식이기 때문에, 자식이 정성껏 기도하며 천도를 하면 참으로 효과가 있습니다. 그러므로 절에서는 49재를 올리고, 그 49일 동안 집에서는 하루 한두 시간씩 불경을 읽거나 염불·진언 등을 외우며 극락왕생을 기원해 주어야 합니다.

만일 부모가 돌아가셨는데도 아직까지 49재를 올려드리지 못하였다면, 기회를 만들어 집에서라도 49일 동안 기도를 하십시오. 부모님의 은혜를 갚는 마음으로 꼭 한 차례 정성껏 기도를 해주어야 합니다.

　그리고 한 차례 정성껏 기도를 하였으면 그 다음부터 부모님 영가에 너무 집착을 하지 마십시오.

　설혹 점집에서 현재의 아쉬운 일의 원인이 '영가장애'라고 할지라도, 굿이나 이상한 처방을 하기보다는, 기도 생활로 임하거나 정법正法으로 임하면 됩니다. 아울러 제삿날 정성을 기울이고, 백중 등 절에서 영가천도의 행사가 있을 때 동참하는 것이 좋습니다.

　부모님이 잘 천도되어 좋은 세상에 태어나면, 부모님과 좋은 인연을 맺은 나는 어떻게 되겠습니까? 잘 유념하시기 바랍니다.

인연의 법칙에 따라 끊임없이 이어지는 부모 자식 사이의 관계는 단순한 세속의 일만이 아닙니다.

지극한 사랑, 무조건적인 사랑이 오가는 그 관계 자체가 도道라는 것을 잊지 마시고, 부모와 자식 사이의 관계를 더욱 좋은 인연으로, 마침내는 깨달음의 도가 될 수 있도록 끊임없이 가꾸어 나가시기를 두손 모아 축원드립니다.

나무대보부모은중경.

내가 확인하는 독경 횟수

1									10
									20
									30
									40
									50
									60
									70
									80
									90
									100
🦋	나	무	대	보	부	모	은	중	경

아름다운 우리말 경전

❖

 ① 금강경 / 우룡큰스님 역　　　　　국반판　100쪽　2,500원
'불자들이 꼭 읽어야 할 금강경을 우리말로 보급하겠다'는 원력에 의해 제작된 책. 기도법·독송법 등도 자세히 설하였습니다.

 ③ 관음경 / 우룡큰스님 역　　　　　국반판　100쪽　2,500원
관음경의 내용을 알기 쉽고 분명하게 번역한 책. 부록으로 관음기도와 염불법에 대해 자세히 설하고 있습니다.

 ④ 초발심자경문 / 일타큰스님 역　　　국반판　100쪽　2,500원
신심을 굳건히 하고 수행에 대한 마음을 불러 일으키게끔 하는 보조국사·원효대사·야운스님의 글. 번역이 매우 아름답습니다. 국·한문대조본.

 ⑤ 지장경 / 김현준 편역　　　　　　국반판　196쪽　4,000원
가지고 다니면서 틈틈이 읽게 되면 기도에 매우 큰 도움이 됩니다. 지장경 독송 기도법도 자세히 수록하였습니다.

 ⑥ 약사경 / 김현준 편역　　　　　　국반판　100쪽　2,500원
독경 및 약사염불 방법을 함께 실어 기도에 도움이 되도록 하였습니다. 법보시용으로 매우 좋습니다.

 ⑦ 보현행원품 / 김현준 편역　　　　국반판　100쪽　2,500원
독송하면 보현보살의 십대원과 함께 업장 참회와 현실 속의 소원들을 이룰 수 있고 지혜와 복덕을 갖추어 위없는 보리도를 성취할 수 있습니다.

 ⑧ 유교경 / 일타스님·김현준 편역　　국반판　100쪽　2,500원
부처님께서 열반하시기 직전, 제자들의 수행과 행동지침에 대해 설하신 간곡한 법문. 불자들이 꼭 1독하면 좋은 경전입니다.

 ⑨ 아미타경 /김현준 편역　　　　　국반판　100쪽　2,500원
원문과 한글 번역을 대조하여 엮었으며, 독송하는 방법 및 아미타불 염불 방법, 극락과 아미타불에 대한 내용을 함께 실었습니다.

 법요집 / 불교신행연구원 편　　　　국반판　100쪽　2,500원
법회와 수행시에 필요한 각종 의식문, 그리고 읽을수록 좋은 몇 편의 글들을 수록한 휴대용 법요집입니다.

알기 쉬운 경전 해설서

❀

생활 속의 반야심경 / 김현준   신국판 240쪽 9,000원
반야심경을 우리의 생활과 결부시켜 쉽고도 명쾌하게 풀이하였습니다. 공·걸림없이 사는 방법 등과 십이인연·사제 등의 기본교리도 쉽게 풀이하였습니다.

생활 속의 금강경 / 우룡스님   신국판 304쪽 10,000원
금강경의 심오한 내용을 알기 쉽게 풀이하고 일상생활과 접목시켜 강설함으로써 삶의 현장에서 금강경의 가르침을 능히 응용할 수 있도록 하였습니다.

생활 속의 관음경 / 우룡스님   신국판 240쪽 9,000원
관세음보살의 본질과 기도성취의 원리를 여러 영험담과 함께 쉽게 풀이한 이 책을 읽으면 신심이 샘솟고, 이 책을 따라 기도하면 소원을 성취할 수 있습니다.

생활 속의 천수경 / 김현준   신국판 240쪽 9,000원
천수경을 쉽게 풀이한 책. 신묘장구대다라니의 풀이와 공덕, 참회성취의 비결, 주요 진언의 뜻풀이, 각종 소원을 이루는 방법 및 기도법을 일러주고 있습니다.

생활 속의 보왕삼매론 / 김현준   신국판 240쪽 9,000원
병고 해탈, 고난 퇴치, 일의 성취, 인연 다스리기, 이익과 부귀, 억울함의 승화 등 누구나 인생살이에서 겪게 되는 장애들을 속 시원하게 뚫어주고 있습니다.

예불문, 그 속에 깃든 의미 / 김현준   신국판 256쪽 9,000원
오분향의 의미와 지심귀명례하는 방법, 불법승 삼보,문수·보현·관음·지장보살, 십대제자·16나한·5백나한 등의 내용을 이 책 속에 모두 담았습니다.

한글 큰활자본 독송용 경전

(책 크기 4×6배판)

법화경 / 김현준 역		무선제본 전3책	550쪽	22,000원
법화경 / 김현준 역		양장본 전1책	520쪽	25,000원
금강경 / 우룡스님 역			112쪽	5,000원
원각경 / 김현준 편역			192쪽	8,000원
유마경 / 김현준 역			296쪽	12,000원
승만경 / 김현준 편역			144쪽	6,000원
아미타경 / 김현준 편역			92쪽	4,000원
무량수경 / 김현준 역			174쪽	7,000원
관무량수경 / 김현준 역			112쪽	5,000원
약사경 / 김현준 편역			100쪽	4,000원
관음경 / 우룡스님 역			100쪽	4,000원
지장경(큰활자본) / 김현준 편역			208쪽	8,000원
천지팔양신주경			100쪽	4,000원
밀린다왕문경 / 김현준 편역		신국판	208쪽	7,000원
보현행원품 / 김현준 편역			112쪽	5,000원
자비도량참법 / 김현준 역		양장본	528쪽	25,000원
육조단경 / 김현준 역			208쪽	8,000원
선가귀감 / 김현준 역			136쪽	6,000원

영험 크고 성취 빠른 각종 사경집

(책 크기 4×6배판)

> ※ 정성껏 사경하면 큰 가피가 저절로 찾아들고, 업장참회는 물론이요 쉽게 소원을 성취할 수 있습니다.
> 각 책마다 사경의 방법을 자세하게 설명해 놓았습니다.

사경집	쪽수	가격
법화경 한글사경 (전5책)	권당 5,000원	총 25,000원
금강경 한글사경 (1책 3번 사경)	144쪽	6,000원
금강경 한문사경 (1책 3번 사경)	144쪽	6,000원
금강경 한문한글사경 (1책 1번 사경)	100쪽	4,000원
반야심경 한글사경 (1책 50번 사경)	116쪽	5,000원
반야심경 한문사경 (1책 50번 사경)	116쪽	5,000원
아미타경 한글사경 (1책 7번 사경)	116쪽	5,000원
약사경 한글사경 (1책 3번 사경)	112쪽	4,000원
관음경 한글사경 (1책 5번 사경)	112쪽	5,000원
천수경 한글사경 (1책 7번 사경)	112쪽	5,000원
신묘장구대다라니 사경 (1책 50번 사경)	112쪽	5,000원
지장경 한글사경 (1책 1번 사경)	144쪽	6,000원
부모은중경 한글사경 (1책으로 3번 사경)	112쪽	5,000원
천지팔양신주경 사경 (1책으로 3번 사경)	112쪽	5,000원
화엄경약찬게 사경 (1책 12번 사경)	112쪽	5,000원
보현행원품 한글사경 (1책 3번 사경)	120쪽	5,000원
보왕삼매론 사경 (1책으로 27번 사경)	120쪽	5,000원
아미타불 명호사경 (1책으로 5,400번 사경)	160쪽	6,000원
관세음보살 명호사경 (1책으로 5천4백번 사경)	108쪽	5,000원
지장보살 명호사경 (1책으로 5천번 사경)	108쪽	5,000원
광명진언 사경 가로쓰기 (1책으로 1080번 사경)	128쪽	5,000원
광명진언 사경 세로쓰기 (1책으로 1080번 사경)	128쪽	5,000원

아름다운 우리말 경전 ②
부모은중경

옮긴이 김현준
엮은이 불교신행연구원
펴낸이 김연지
펴낸곳 효림출판사

초 판 1쇄 펴낸날 2003년 2월 3일(11쇄 발행)
개정판 1쇄 펴낸날 2024년 1월 25일

등록일 1992년 1월 13일 (제 2-1305호)
주 소 서울시 서초구 반포대로14길 30, 907호 (서초동, 센츄리Ⅰ)
전 화 02-582-6612, 587-6612
팩 스 02-586-9078
이메일 hyorim@nate.com

값 2,500원